EL BAILE DE LA NARANJA

ÆREA | *carménère*

Carmen Hernández Zurbano

El baile de la naranja

Ærea | *carménère*

Serie fundada por Eleonora Finkelstein y Daniel Calabrese
Edición al cuidado de Paco Najarro

EL BAILE DE LA NARANJA
Primera edición: febrero de 2026

© Carmen Hernández Zurbano, 2026

© Ærea, 2025

Un sello de RIL® editores
SEDE SANTIAGO DE CHILE: Los Leones 2258 • CP 7511055 Providencia
☽ (56) 22 22 38 100 • ril@rileditores.com • www.rileditores.com

SEDE VALPARAÍSO • valparaiso@rileditores.com

SEDE ESPAÑA • europa@rileditores.com • www.rileditores.es

Composición y diseño: RIL® editores
Diseño de colección: Marcelo Uribe Lamour
Imagen de portada: : Newton, Amanda Almira (1904). *Citrus sinensis.*
[Acuarela]. U.S. Department of Agriculture Pomological Waterco-
lor Collection. Rare and Special Collections, National Agricultural
Library, Beltsville, MD

Impreso en España • *Printed in Spain*

ISBN: 978-84-10248-83-0
Depósito Legal: GI 225-2026

Yayawayawa, yayawayawa
yayawayawa, yayawayawa.

¿Nachus mamallay kuskayunkiña
erraybirhinman? Yananchasqayqa.

Arwiy-arwita karuy-karuta.
Ñuqas mamallay chayayamusaq.

Rurusqallayki cuentariqllaña
saphisqallayki yachayuqllaña.

Yayawayawa, yayawayawa
yayawayawa, yayawayawa. *

---

*   Yayawaya, yayawaya/yayawaya, yayawaya// ¿Al fin, mamita,/ te unis-
te a la tierra fértil? /yo os reuní//toda enredada, toda alargada/mami-
ta, soy yo la que va a llegar//para contar tus frutos/para conocer tus
raíces//Yayawaya, yayawaya/yayawaya, yayawaya. [Manuel Arce So-
telo y col., *Las wankas de Espinar: Música tradicional de la región Cusco*
(Cusco: Ministerio de Cultura, Dirección Desconcentrada de Cultura
de Cusco; CRESPIAL, 2011)].

ESPINOSA
de hasta cien pies de altura
así sucedió   muchas ramas, hojas
que cayeron
flores rojas iraníes que desde las faldas del Himalaya
pasando por el Líbano
llegando   como una vida errante
semillas maduras y frescas
translúcidas
unas
sobre
otras   prismas

blancogranate rodea un embrión y llueve desde pájaros
que cruzan el
océano

así sucedió
granos que separar pacientemente,
poner en un plato, comerse a puñados. Púrpura
de sabor agudo dientes brillantes de saliva. Perros
que ladran a la noche, a nada

piñón tierno, engranao,
milgrano, granado agrio, albar.

Así.

CON LOS PIES SUMERGIDOS
comienza el alba en el fango
hay que inundar los campos luego
se secan

unidas por cordeles para que cualquier vientecillo cause
un gran estruendo

entre julio y septiembre hay que alejar a los gorriones
siempre
separadas
del agua

con la hoz de segar se corta, con las manos se
separa   el grano se queda, la espiga,

como una cabellera

Tallos y hojas bailan
incesantes

LUNA ROMPEHIELOS LUNA
que hace los torrentes navegables luna de la hierba
roja luna   en que vuelven los patos
forma campanil
color morado
en lo exterior que en lo interior
todas son blancas luna de la rana   luna
de los primeros brotes
luna en que las ocas ponen sus huevos
luna de la semilla
por el número y el grosor de sus capas luna
de las peonías

que ilumina un suelo tapizado de musgo

LA PRIMERA METÁFORA
¿fue suya o mía?
durante mucho tiempo solo fuimos una
ella
        setas
botones
de la tierra
cuando comienza a hacer frío y llueve
y se pone un abrigo que no cale   Algo pasa
que mira hacia fuera en medio de la noche y lo llena de
cosas

salieron del océano donde nadaban
después de que plantas lo hicieran y muchos
se engancharon a sus cuerpos por eso no sé
si fue suya o mía, brillaba
y no sé
quizás fui yo

la cazuela con el guiso de las que recogimos con las pequeñas
manos congeladas en las tardes tan cortas del otoño
cortas y tranquilas bajo la lluvia suave,
gran delicia se llena la panza de acerones,
de los que crecen en las paredes al
volver. Lo ácido, ¿era a mí
        o a ella
a quien nos gustaba? hace
cuatrocientos millones de años

hongos
los organismos terrestres más altos   ocho metros
y plantas de menos
de medio

la vida son promesas de ir al campo
buscarlas
no importa si se realizan, solo algunos días importa, los
más solitarios y nublados.
Hoy.
La vida son promesas. Metáforas. En esa inmensidad
vacía   intuiciones como moscas,

tan pesadas

OLOR POR LA ESCALERA   HABITACIÓN
donde nunca entramos

la más oscura

un escalofrío arrastra los cajones chirridos
en el espejo junto a la cama
más intenso
el tanteo entre la ropa y notar
picar la piel peluda, luz dorada
morderla y toda el agua
se va ya y ser
tierra seca
durmiéndose   la marca de la boca color óxido
en la fruta

bulbos dorados bajo la tierra, raíces globulosas, saliva.
Carne y confitura.

¿pero qué hacen ahí colgados?
¿espantar a los malos espíritus?

LABIO OLOROSO LOCOLOCO

intenté criar una a principios de verano, no paraba de
crecer
llegó muy arriba y se llenó de vello
le salió una flor pequeña antes de empezar a agostarse
era incesante
su sed   demasiado
calor
o sombra
el deseo de irse a lo profundo
encontraba un tope

le pedí perdón

embebida en una masa gelatinosa intenté criarla
dispersa dentro de sí
hubiera sido pequeños y amarillos
aztecas
melocotones de lobo que crecen al sol mascando sus frutos
para volverse animales cuando aún
están
verdes
qué sedientos

estuve pensando en agua

en sustancias oscuras
filtrándose

*

de la costa a las tierras altas
por ríos salvajes a tres mil metros

de repente han llegado, de repente no
de repente han dicho, de repente no

manzanas de oro
manzanas de amor

un nuevo tipo de berenjena, de color rojo sangre, dividida
en segmentos y se come igual

*

recogía el corazón de buey y lo aliñaba con ajo picado al
caer la tarde
piel dura jugosa pulpa pantalón
atado con una cuerda y sin camisa
rostro tibio
dándoles de beber

xictli es ombligo
tomohuac es gordura
atl es agua

le pedí perdón

un ombligo de agua gorda
aceite
colorada lentitud

*

la pared entera del ovario madura en un pericarpio
carnoso   tú
me los trajiste
engañaban al cerebro
sabían a azul y verde
cruzando el valle

MIRA
campos de color morado entre otros llenos de amapolas y
flores amarillas silvestres

luz de estrellas aterriza

mira
cuando te comes lo pequeño y tan suave te comes todo el
montón

ESPIGAS
la colina de la muerte rodeada por ramas
de laurel   arriba una estrella
y todo descansa
sin tocarla
sobre la media luna

¿el agua se desvía hacia allí
desde la presa? cincuenta y tres grados aquel año
floreciendo
madurando   cuarenta días después
bebernos
el rojo

recuerdo los ríos que anegaban las calles   la sangre
durante horas bajo el asiento del tren en el que huía

madre, no tengas miedo cuando venga la helada, madre
no tengas miedo cuando caiga el granizo de piedras
bajo las ramas
escóndete,   bajo la sombra
de los arbustos entre las raíces del iro
escóndete

la tierra no pertenece al hombre sino el hombre a la tierra

GERMEN   SALVADO QUE LO ENVUELVE
                y el color
se entrega al viento

es una cuestión de digestión

los que toquen el cuerpo de los recién casados
guardarlos
meterlos en una bolsa de tela con dos corazones bordados
colgarla sobre la cama

si se cocina
huele a corteza de pan

se les enterró con un puñado
dentro de la boca

para Mercedes

UN RACIMO RAMIFICADO EN QUE LAS RAMAS
son racimos
un racimo
de racimos con un raquis que termina en otros raquis
desprende
flores   una racimosa
maduración hacia el ápice
salpicando de brotes poliédricos
totipotentes

debisteis de ser muy felices en ese lugar   en aquel momento,
todo
parecía posible   la cocina con salida al patio y podíais
cenar sobre la hierba bajo el emparrado   debisteis
de ser muy felices intensas
yemas apicales
envueltas en papel mientras cuelgan para que no se las
coman
los pájaros

no sé, me conmovieron sus manos, la gata negra
de los ojos amarillos, cómo nos miraba
parecían duras y verdes pero eran dulcísimas

agua de romero, sigue adelante, quítame los dolores de
espalda
la torpeza   agua de tomillo, cúrame, escondida en la
montaña

esas células
madre
capaces de dar lugar a todos los tejidos debajo de las uvas
y los pájaros
o fuera, al raso,
salvaje de ojos amarillos

somos animales , hemos perdido partes de nosotras
negras, moradas,
 verdes, amarillas, anaranjadas, blancas
en otra casa,
otro patio,
uvas rodeadas de papel, otras manos y el mismo dulzor
. Animales
ebrias del amor de las otras.

Si fuésemos vid,
árbol, espiga,
esas partes nos crecerían de nuevo

UN MILAGRO PEGAJOSO RESPIRA   SE ACERCA
infecta
la raíz

ya no llueve ácido ni el agua
es
otra cosa

¿no hiciste de pequeña lo del bote de cristal y el algodón?

EXIGENTE,
diez   doce horas de luz,
agua   calor
abrigo

en el suelo caliente germinan las semillas
yo te cuidaré
 sobre un pan delgado y luego salir
con el sabor en la boca
cien días
desde la siembra
en el estado de Assam
que aún hay rinocerontes

áspera

cerca de donde bailabas
soñando ese sitio del sol y de los templos, comerla en
pedazos
con alcaparras y vinagre,
nos quedamos
y las comí en tu patio
aún te veo trayéndola, el olor   los pequeños chorros de
agua fría sobre
nosotras

que entristece el ánimo que da dolor y pone
la cara verde que
berenjenas con queso saben a beso que la berenjena
para nada bueno suena   tres cosas
me tienen el corazón preso   delante de una pared blanca
encalada
cuando empiece a soplar la brisa
bajo la sombra lustrosa, negruzca
de un violeta abigarrado que amarga

o se oxida
bañada en dulzor

mucho tiempo me picó la lengua
no sabía
solo picaba y se hinchaba dentro de la boca
        agua y sol las que me diste
se las puse a otras cosas   corazón
de cordero
entre las garras
de un buitre

FRAGANTE CERCA DEL OCÉANO QUE CIRCUNDA
el mundo

nari
naradam
narang
naranjah

oro

aurantium
orange

ácido

resplandor, tierra roja, atardecer, un dragón
de cien cabezas

llenas de zumo

MIRAMOS LA LAGUNA METÁLICA   O LAS HOJAS
que se van volviendo rojas en el suelo
sobre las espículas marrones
distraídas
ritual del invierno espinosos
erizos

pudimos pedir un cubierto más en nuestra mesa, llenarnos
la cabeza de naranja
suave
como caléndulas   pero el viento
era helado y vimos cabras montesas galopar la mujer desnuda
bajo un esqueleto
                    altar blanco con relieves de flor
olía a hinojo

llueve sobre la laguna y junto a las cruces vistas desde el cielo
esa música obsesionante es tan triste
dices, pero la vida
lo es
en las montañas
algunos monjes duermen con los muertos en diversos estados
de descomposición. Me falta
lo que no se abre
lo que nos alimentó durante siglos

pienso en caminar debajo de los árboles pisar las cáscaras
por haber nacido en el mes en que todo empieza a morirse

ESTOY
pisando tu sombra
he enviado una pareja de palomas
para saber
cuándo harás tus
surcos

trazos curvos del radio de tu mano
de tu antebrazo   el centro
está
y no está
uno en la circunferencia del otro

todo lleno
rodeado
cercano y desconcertante

dos círculos se cortan
en medio del cielo
y de la tierra

las recogieron hace dos semanas, entre los acebuches

FLORES POR LA BOCA
sonrosadas
la cara del color de la tierra   cuando te vi
no fue la primera vez que te veía
sentada mirando hacia abajo
a otra parte
 que no era yo

de pie sobre un suelo agrietado
en medio de troncos como manos suplicantes
que salían buscando
la semilla
envuelta de color canela envuelta en una cáscara agujereada
y una piel verde afieltrada que se va secando

la orugueta no se comió las hojas ni el tigre del almendro
las derribó
la polilla no se comió las yemas ni el pulgón deformó los
brotes
los barrenillos no excavaron galerías bajo la corteza de los
árboles ni las cochinillas redujeron su vigor
los antónomos no atacaron la flor ni el gusano cabezudo
invadió sus raíces
no hubo viento excesivo ni heló
en primavera

piedras almendradas del río, almendras de cristal
descomponiendo luz, almendra del mar rabiosa, a cien
metros de profundidad mirando abajo
a otra parte

todo un año cruzando los dedos

UN ALIMENTO QUE CONVENZA AL CORAZÓN
del que no cansarse
nunca

insectos, gusanos, caracoles polilla
atraídos por el aroma que recuerda a setas, a pepinos, a
palomitas
de maíz, a flor
                    avainillado les llama,

en las tierras altas extienden hojas del arbusto amargo
sobre la superficie de los campos

EL CLIMA, LA HUMEDAD, LA TEXTURA
de los suelos   esa
cenicilla
que recubre los sarmientos más pujantes
su picadura hiere
hay bultos en las hojas   larvas
que enlentecen la fotosíntesis
subterráneas

hablo de la vid
de que no todas murieron

una condesa húngara las cuidó   por guerras
incesantes
la cosecha se pospuso hasta noviembre,   el sabor
resultó ser
                    dulcísimo   hay
una antigua tabla
en que ofrecen a Ana, que acaba de parir a María, raíces
resistentes, diosa de la cepa, sangre
para su pronta recuperación

no te preguntes si esto es verdad, acoge más bien con fe
las palabras

quizás sobrevivieron por lo contrario

SI SE SIEMBRA CERCA DE LOS ARÁNDANOS ATRAE
                              avispas y mariposas
se multiplican los tomates y en sus hojas encierra
el aire   crecen frescas
las lechugas
a su lado

una fina raíz napiforme almacena azúcar para la floración
siguiente

yayawaya, yayawaya

su sabor es amargo si brota bajo los manzanos

DE FEBRERO A ABRIL DE MAYO A JUNIO
engordan   de julio
a octubre   no en exceso
pero luego
la copa demanda sol e hicimos bien
los hongos
no habitarán
sus ramas

del tamil al sánscrito
vigilar
en las noches claras y tranquilas, con pocas o ninguna
nube
poco o ningún viento
acechan las heladas

cristales en sus células interrumpen
el moverse de los fluidos
dentro suyo   del persa al   árabe
se pudren
incapaces de absorber
el agua
detenida

lo húmedo mejor
que lo seco   y si parece perdido
mojar el suelo
al llegar del aire

creer

en las manzanas de oro
de la inmortalidad

BAILAN HOMBRES VESTIDOS DE NEGRO
en tiempo de cosecha   se unen entre sí
con energía
veloces tras las vibraciones
de la música
hombros pecho cintura
como en el mar
anchoas plateadas

es para que imagines de dónde vinieron
haz para mí una ofrenda
quema grasa en un plato de oro

en el cielo un cometa durante setenta días
y setenta y cuatro árboles

un valle lleno de castaños muertos por la plaga
dentro del erizo punzante
como la memoria

se han rajado, abollado, podrido
en las ramas.   Vida corta, pequeña, escarchadas,
en almíbar
sobre las galletas que se te quemaron. Regalé uno de los
cestos, lo confieso aquí,
estaban demasiado buenas para quedármelas todas yo

se las comerán los pájaros.

DESDE
arriba

o cuando las dejas demasiado tiempo que sale lo de color
blanco
y se va volviendo verde
según las escrituras

no podía
oró

combatían ya dentro de ella   una planta
comenzó a crecer
en torno a sí

lo primero en salir era rojo cubierto de pelo, como una
piel; lo segundo salió agarrado
oye,

 dame a probar de eso, que estoy agotada

PORQUE ES SABIA Y TOCA LO QUE SE MUEVE
la que avienta el grano. Como un guerrero
babilónico,
al tragar lo que le ordenan
piensa que la hará invencible
aún cree
en esas historias de jardines
que cuelgan

el lago se abrió y se la tragaron los caballos

por todos los rincones, cinturón de lágrimas sobre el
agua   Osa Menor
Sol
que lo ve todo   cómo llora
se vuelve hielo la guardiana de las encrucijadas,
de las tierras salvajes
primer invierno y
nada florece
su propio padre se la ha entregado al dios del inframundo
desierto que avanza
caminos de entrada, luz, magia, plantas y hierbas venenosas

¿y ahora qué voy a hacer?
¿dónde voy a encontrar arroz y habas?

*

madre, tuve que convertirla en menta, tuve que convertirla
en álamo blanco junto a la laguna de la Memoria

por comer una semilla en lo profundo la larga estación
fría
enterrada
ni siquiera esos chistes subidos de tono ese teatro
que hace la anciana Yambé

llena la tierra de flores, escucha

después

vuelve las hojas marrones, amarillas y naranjas, los colores
preferidos
de su hija

¿y ahora qué voy a hacer?
¿dónde voy a encontrar una silla de oro?

CIERRA LOS OJOS E INVENTA LO QUE VES

funciona

los duendes y las hadas van llegando

amarramos canastas a los cuernos de las vacas las mezclamos
con harina de maíz y cocemos la masa
para hacer pan
pomada
con las hojas que borra
cicatrices

hazme una seña
agita en mi dirección una cinta
de flor de llaulli   quizás
pueda verla y llegar hasta tus
surcos

llegar enseguida
dar vueltas como el viento

EL PRIMER AÑO SE ALARGAN
el segundo es verde
seis pétalos
seis estambres
una semilla oscura se tallece hasta consumir su jugo
picante y dulce
dentro de la tierra

el cuerpo se compone de muchos
uno sobre otro en forma circular
entre cada uno
su tela
dentro de las cuencas de los ojos de las momias
florecientes   en sus pechos a lo largo
de sus piernas unidas a la planta de los pies
un corazón de bellota

estamos hartas de maná
nos acordamos de los melones que comíamos en Egipto
de balde
de los pepinos
los puerros los ajos las cebollas las manos
llenas de tierra pintadas
en las paredes de las tumbas
y al cortarlas

  alinasa trans-(+)-S-(1-propenil)-L-cisteina sulfóxido
piruvato amoniaco syn-propanotial-S-óxido,   eso

nos hace llorar

ENTERRADAS
crecen
bajo los olivos y aunque era de noche las ramas
formaban sombras sobre su túnica
siempre lloro
las lunas que han crecido debajo de la tierra
en una larga noche
dormidas

del cuervo, de la corteza, de la savia
corre un lobo negro y cuando se acerque habrá eclipse

hemos de hacer ruido
atizar las brasas
que las chispas se eleven al cielo y le nublen los ojos

no hay agua ni lágrimas que formen
el bulbo blanco
la alcanzará la desgarrará
con sus zarpas

luna del gusano, de la lombriz, infinitamente tristes
dormidas
hasta el infinito

SI EL RECUERDO
es de colocarnos un par en cada oreja
como pendientes y reír y girar
el cuello
no son las de aquí porque aquí   menos claras   y
una hendidura alrededor de la cual se dispone la carne
como la memoria
ácida

aquello de que fue uno de los mejores días de su vida
fotos de las flores cuerpo fibroso
en tensión
y yo mirando su espalda
como una madre con mis pensamientos sobre
el cabello delicado
amaba tanto a esa mujer   quería blanco el valle,
como la nieve de su tierra
se te cierran los ojos delante de tantas

si el recuerdo es de colocarnos un par en cada oreja
son gigantes tempranas de corazón dulce
celeste o primulat, sentada en el portal de casa de los
abuelos templadas
romper el letargo, florecer y dar fruto
si crujen dentro de la boca son ambrunés, pico negro, pico
limón, aprieto un puñado y subo
porque huele a tormenta

rojo oscuro, hueso grande, rojo claro, más rojo, menos
dulce, más suave, en el interior amarillenta, pulpa amarga,
dulcísima. Esas fotos existen y tú ya no
las yemas de mis dedos manchadas

los bancales explotan de verde bajo el cielo

DESPUÉS DE LA ÚLTIMA HELADA
¿lo harán de una en una?

pequeñas, pequeñas

luz dentro de un disco el campo
hasta pardo se vuelve
bolsa peluda

¿o son raíces?

llevarlas encima convertirse
en oro
que traigan
ventura   para todo el año

LAS RECOLECTORAS DEL PALEOLÍTICO NUNCA
SE CONFUNDEN
raíces de zanahorias silvestres semillas
frutas y bayas
hierbas
más raíces   se comen
la carroña los insectos las larvas los caracoles roban
huevos
las acabaron domesticando

de color púrpura por fuera y por dentro amarillas

que eran afrodisíacas
cuerno picante
es mentira
que te harían ver en la oscuridad
que te vuelven la piel
del color de la suya que
a los que muerden no les hieren
las culebras comida   predilecta
de los burros

pasamos todo un verano comiéndolas sin descanso,
untándolas
de cosas
saladas y dulces el verano
que pudimos ver a través de lo oscuro

pero luego fue mentira

COMERSE UNA ROSA Y DOSCIENTAS
pequeñas semillas pardas entre los dientes   ruido
de arena dentro
de la boca que cruje
y resbala

un carro tirado por gatos gigantes

¿es ya la temporada?

intuición

cuerpo papilas gustativas ojos
preparándose
collar de ámbar sol que cabalga
sobre un jabalí

última luna llena
en todas las esquinas

su capa de plumas de halcón la transforma en ave

LAS BLANCAS SILVESTRES SE PARECEN A LA RAÍZ
de la cicuta   sus tallos
al apio
hierba loca
podrías morir si las llegas a probar
tetas de embudo
pequeñas florecillas blancas en forma de paraguas
como el velo de una novia sarda

en aquella isla, cuando la gran hambruna, todos los mayores
de sesenta fueron obligados a
comer

perejil
de lobo, de las brujas. No agarrarse

soltarse

huelemanos

SIEMPRE HE DESCONFIADO
que llegaron por ahí   y solo
desde Siberia hasta Alaska las que eran ya
como nosotras   al menos
les acompañaron los perros

hay teorías
                un pasadizo antártico y llegan
mucho antes   quizás
varias veces, pero siguen
siendo nosotras y allí
gliptodontes, canguros rojos gigantes
eso sí,

mujer
de la cueva de los ciervos
búscame, búscame
en los surcos, en las sementeras

                                        *

descongelado el mundo ensanchado
el océano
de lo húmedo a lo seco de lo seco   a

como no me encuentras
me dices que me vaya porque te hago llorar

hierve la cocina y el perro dormita al sol   lágrimas
de cristal cuelgan descomponiendo luz sobre las manos
que cocinan
hay fósiles
de calabaza domesticada
si el mosquito de las hierbas pudiese ver

¿te lo diría?

GLOBOS BOTELLAS CILINDROS
retorcidos
en distintos tonos verdes
vienen desde África
flotando

tambura shereke berimbau
atadas
con un cordel rojo donde hacer nudos descontando
las jornadas

lo muerto está soplando
incansable
y yo
que siempre me escondo
pienso en brasas
que iluminen nuestro camino

partir hacia donde se oculta la luna
al océano

hemos preferido la carne abundante y naranja que ha
llegado

EN EL HUESO EL VENENO
cardápano
niéspola
ciruela japonesa
nuevo mundo

no podemos encontrar
en qué río florece la malva
en qué roca florece el panti

somos un pueblo de agricultores   hijas
de espíritus sobrenaturales que existen
en la naturaleza
biwa
pipa
instrumentos de la diosa de la música

les ofrecemos las primeras frutas cosechadas del año

si una serpiente blanca aparece en tus sueños es señal de
buena fortuna

ENTRE LO BLANDO ÁCIDO Y LO DURO
rodeado de azúcar
viene oliendo desde el otoño la carne ambarina
con las tres semillas dentro
 al principio
astringente y agraz
pomo piriforme elipsoideoblongo
subgloboso pulpa dulce
suculenta subácida, blancamarilla
inicialmente tomenta tierra seca luego
glabro
anchamente elíptica testa lisa   parda
flores blancas entre penachos con aroma a heliotropo
tan intenso
que casi lo olvidamos porque nieva y no volvemos a
acordarnos
 hasta el año siguiente en que las olemos
antes de que broten

iluminados por el atardecer
los cormoranes
se secan las alas   el viento templado
trae   lo que se aproxima

porque ya es el tiempo
de las tardes largas

Y   CON UN MARTILLO
encima de un saco
cascaba almendras
difícil
más que abrir nueces
turrón y sopa dulce
pan duro, leche, azúcar
canela
olores árabes en casa
fiesta en la boca

cuando al fin llegó a abrazar al almendro en que se había
transformado   árbol sin hojas
se cuajó de repente de flores blancas,   fragantes, que le
devolvieron el abrazo

*

madrugar, salir de noche y recorrer donde vives pero al
fin
la mayoría eran amargas
te conté de las manos calientes, apretaban, los colibríes las
flores y el aceite que
resbala
cómo lloré y al salir
que estaba anocheciendo y se oía el rumor del mar,
el mundo se desplegaba ante mí lleno
de sus interminables maravillas

COMIÓ OTRO,
tiró la semilla en una maceta y creció tan
grande
que no cabía en su casa, con esfuerzo
lo bajó a la calle para que se lo llevasen
las amantes de los árboles   ahora no podría,
el olor atravesaría su carne los frutos
se pudrirían sobre el suelo de su cocina pequeña
pájaros y moscas   se quedarían para siempre en el
salón   tú, madre,
quien florece con flores de clavelina quien florece
por no dar abasto
insectos criados en laboratorios competirían con otros
insectos y se cruzarían con las hembras
y las aves

se extiende una mancha morada
sobre la piel

las raíces se asfixian

TUVO QUE VIAJAR UNA FRUTA
que dio nombre a un color
que antes
no podía nombrarse

amarillorrojo

amarilloscuras en el manuscrito para Juliana Anicia
rojasclaras
playa de los prados las más   voluminosas las más
dulces las menos   leñosas las más

azafranadas

de repente
tú sabes honrar a la waña rosa servir
de nariz a los muñecos de nieve del mundo

y en caso de que no sepas
yo me mantendré erguida
erguida por ti
como un sauce
con el frío y el viento
como único soplo

BAJO TU SOMBRA
en la hamaca verde
el olor   ahí
picaba
detrás de las orejas y en la nuca
resbala   golpea en la espinilla la estructura de madera
moscas
junto al gallinero
gallinas
siempre dormidas   esa hora

correr a casa y preferir
la idea de la cosa a la propia cosa
siempre   debajo
qué bien huele
¿cuándo salen las violetas al lado del pozo?
¿se dice abónimo o evónimo?
¿las brevas son higos que no les dio tiempo a crecer?
qué ricos
pero qué pegajosos   ¿viste alguna vez
las flores de la higuera?

abuela seca higos sobre papel marrón en medio del huerto
abuela hace mermelada espesa y dorada
pastel de higos asados sobre hojas de laurel
crece
en las grietas de las cosas su olor   aleja
a los malos espíritus

*

la higuera florece la víspera de San Juan
de noche
pero dura un momento
gruñidos, golpes, gritos, se ve aparecer al diablo arañas
serpientes y todo

a la vez
no hay que tener miedo   después
la higuera se llena de
flores

¿si arrancas una tendrás suerte por el resto de tus días?

                              *

escucha
subida al árbol observé las ramas altas, donde estaba la
flor más grande   eran cerca
de las doce   la arranque y me la puse en el pecho
fui valiente   al día siguiente
desapareció. Con unas pequeñas tijeras doradas corté su
cabello
¿era Sansón
el que trajo higos a mi casa? una avispa hembra preñada
entra en un higo inmaduro a través de un túnel
deposita sus huevos en las flores que hay en su interior
¿así que las flores de la higuera están dentro
de los higos?

                              escucha
es tan estrecho el agujero
que pierde pedazos de ella
un ala, sus antenas   esfuerzo desesperado por entrar
en la cabeza
pequeñas espinas no le permiten volver   deja polen
del higo donde nació
muere en su interior
eran tan dulces y calientes   escucha
viaja en una avispa hacia las flores

el higo madura
los huevos se rompen y otras nacen
crecen

no tienen alas, no pueden irse. Se aparean
excavan un túnel que permite que escapen   M u e r e n
dentro

vuelan repletas

enzimas digieren sus cuerpos   la gota de néctar
ha atrapado
uno de tus cabellos. De eso no habla la Biblia,

no

CALIENTES EN UN EXTREMO DEL VALLE
dentro
del bosque herido
con los genes del pez aguanta

de repente
bastará con que yo mire para llegar
a tus surcos fruta en el aire desierto
alrededor
dando vueltas como el viento
bastará la hermosura
caminando
en primavera

sobre aquel cuerpo
sus lágrimas se iban volviendo pequeños corazones
encarnados
al tocar la
tierra
donde llegan garzas y flamencos
de dolores
manchados de rosa junto a los humedales

LA INTRODUJERON EN EL NUEVO MUNDO
se las quitaban a mi tío
paraban con el coche en su pequeña finca cerca de la
carretera y llenaban el maletero
cultivaba en Florida en Massachusetts en el valle
del Misisipi

el capitán James Cook las llevó hasta las islas del Pacífico
            películas de la sandía, supuestamente
muy divertidas, blancos haciendo de negras   hartándose
de fruta, bailando cakewalk y robando
pollos

ya hemos tenido bastante

HUBO UN TERCERO QUE ERA COMÚN QUE ERA
por completo

cuatro brazos cuatro piernas dos rostros situados
en direcciones distintas
cuatro orejas
estambres
pistilos descendientes del Sol
de la Tierra
de la Luna

terribles
de sabor amargo y azahar fragante

caminan rodando como caídos de un frutero

hasta partirse en dos

MANZANAS
llegaron a estos valles desde una colina donde se encuentra
la casa de María
la cueva
en que vivió hasta el
final
círculo de piedras
la que había abandonado su primer amor, la que sufre
la que necesita
la que se había quedado dormida, la que había esperado
con paciencia
la profetisa

camina entre los siete candelabros de oro y lleva siete
estrellas en su mano derecha
cuando abre nadie puede cerrar y cuando cierra nadie
puede abrir   madre, no sigas al pasajero que va
de arriba para abajo

vestida de esqueleto pidiendo cosas dulces
en los chalés al lado de mi casa. Telas de araña y chillidos
automáticos en las fachadas que asustan a los perros.
Mira,   estoy llamando a la puerta,
si alguien oye mi voz y abre, entraré en su casa y cenaremos
juntas

me estoy acercando a la muerte.

LA QUE TIENE UN JEROGLÍFICO EN LA CABEZA
en forma de trono
la que atraemos para que nos proteja con nuestros cantos
zaytūnā   elaíwa
ulu nos enseñó
alas de milano, cerda, vaca, escorpión; agua que crece.
Árbol.
Nudo de piedra roja. Cornicabra. Vertemos
líquido en los jarrones
para el reino de los muertos. A finales del otoño
los sacudimos con varas
y de sus ramas nos caen encima, junto a las hojas pardas
y la lluvia
dejamos de sentir las manos de tanto frío como hace,
de tan temprano
como es, las recogemos
del suelo

donde no crecen ya
es el borde del mundo

prepáranos en la entrada,
ilumina el pasaje. Aceite de sésamo, de cártamo, de
moringa. O esos bárbaros
que cocinan con grasas de animales

lo ocultó bajo la planta de su pie, recién estaba saliendo
de la tierra.
Kakanchik lo cuidó. Lo salvó
de la gran tala ordenada para que siguieran comprando a
los de siempre.

El olor pica
cuando sales al campo en la época en que las almazaras
funcionan día y noche.

El mundo es una almazara
manzanilla cacereña
esperanza de alpechín
ahora mide tres metros y tiene cuarenta y seis cromosomas,
como ella

RAJADAS
de un rojo intenso
 ¿vinieron de África?
¿del desierto?
más de cien kilos   melón de agua
depósito
de amargura blanca
bien cerrado   flor amarilla
carne dulce
lanuda y cítrica
cáscara que cruje acendría
de viaje al otro mundo
color
sobre los muros cuerpo
tendido en el suelo cubierto del polvo
de oro
bajo un cielo
 en dos tonos de azul

no sabría explicar el por qué

NO TIENE CLOROFILA PERO NECESITA ALIMENTARSE

en eso es igual a mí   Esas personas
que dicen comer del sol
quizás desean ser árboles   Semillas
dentro de una caja
cubierta con una manta húmeda. Calor,
oscuridad. Podría cultivarnos en la terracita,
junto a la lavadora. Como una monja medieval.
morchella esculenta, inonotus obliquus, hongos
de la magia
como un monje taoísta. Organismos derivados
del que adquirió la capacidad de formar
una pared celular de quitina,
como las arañas. De absorber
creciendo sobre el estiércol de los melones

cosas del suelo y cosas del cielo, así
se divide la comida

lo invisible, lo enorme, el micelio, tan abajo: hilos
con apariencia de raíces que conectan
el bosque   lactarius
con abedules, cyanoxantha
con hayas y castaños, trufas
enganchadas a las encinas, robles, avellanos , níscalos
al pie de los pinos.

pino canario, pino carrasco, pino piñonero.
Limonero, trébol, garbanzo.

Pino negro, silvestre. Las que comen búcaro,
arcilla cocida,
                ¿desearán ser frescor y torrentera?

las que comemos carroña, paja
y madera que se está pudriendo, ¿desearemos ser
águilas?   ¿volar
dispersando esporas?   ¿llegar a la otra orilla, ser cura,
alimento, veneno,
vivos sobre la piel nuestra?

DESEO DE LA DELICIA
siempre
demasiado delicada   brilla
demasiado

nada firme

¿podrías hacer un poema sobre eso
que camines
y al abrir una puerta vuelvas a tu infancia
y al abrir otra
vuelvas
?

escríbeme una carta, escríbeme, hazme una carta sobre
papel blanco

azucarada   ácida
levemente abultarse
cobre y potasio
otro vivir   de repente
eres sombra sobre la madre kaypi

todo lo que tienes que hacer es ser fresas silvestres
árbol kiswar
agitarte en esa dirección

RECORREMOS LA VÍA SAGRADA DESDE EL
CEMENTERIO BALANCEANDO LAS RAMAS DE
GRANADO
contamos chistes impúdicos, os llamamos a gritos,
ayunamos
el día entero y después
bebemos ciceón con poleo y cebada   nos poseen visiones
de vida
y muerte, objetos sagrados
de nuestras diosas
naranja, huevo, serpiente en espiral
bailamos toda la noche allí donde creció el primer grano
luego volvemos a nuestras casas

*

golondrina que vuelas alto préstame tus alas
préstame tu voz sirena de la cascada
para honrar a la madre
paqus   diste a luz
en la desembocadura del río   tu padre
engañó a tu captor, se unió a ti y en su furia
desgarró tu piel de dos colores,   hija mía,
que empuja a los mortales a la locura
con fantasmas aéreos que brillan en lo oscuro

*

a veces
se moja bajo la lluvia   a veces
escucha el viento en las hojas
a veces
muerde un melocotón   diosa subterránea, mi nieta
amada
envía el desvarío de nuestras almas a los confines de la tierra

yayawayawa, yayawayawa
yayawayawa, yayawayawa.

Estos poemas míos, entre cuyos versos se entrelazan sus versos, son para Juanita Merma Ccahua, Felicitas Ccahua , Suni Eusebia Huamani Chaupi, Juana Ccahua Suri, Francisca Chaupi Ala, Victoria Chaupi Ccahua, Demetria Merma Chaupi, Melchora Cana y Cirila Alvarez Cana; que cantan bajito hacia los campos sembrados para acariciar con sus voces a las papas.

Para todas las mujeres y los hombres que, sin dejar de cuidar y agradecer a la tierra, la labran y nos dan de comer.

Para mis abuelos.

ÍNDICE

Este libro se terminó de imprimir
en febrero de 2026

RIL® editores • España

europa@rileditores.com

Se utilizó tecnología de última generación que reduce el im-
pacto medioambiental, pues ocupa estrictamente el papel
necesario para su producción, y se aplicaron altos estánda-
res para la gestión y reciclaje de desechos en toda la cadena
de producción.